森番をやっつけた日

ヴァーツラフ・ベドジフ、ボフミル・シシュカ え
ヴァーツラフ・ベドジフ、ヴァーツラフ・チュトブルテク ぶん
かい みのり やく

むかしむかし　うみのむこうの

とおい国の　おはなしです。

ある森の野原にたちこめる　ふしぎな霧を

そよ風が　そっとなでていきました。

すると　ぱっちり　おおきなひとみに

りんごのような　ほっぺたの

あいらしい　おんなのこが　あらわれました。

「あら　わたしのなまえはなにかしら?

そうだわ　森の精アマールカにしましょう」

ルル　ララ　ルラル

アマールカは　足どりかるく　うたいながら

おどるように　遊びます。

花をつみ　かんむりをあんで

やまぶきいろの　ながい髪に　かざったり。

水たまりに姿をうつして　うっとり。

「うふふ　わたしってかわいいのね」

そのときです。ひゅるん！

木のかげから　いきおいよく

シカがとびだしてきました。

「まぁ　びっくりした！　シカさん　まって。どうしたの？」

「森番が　わたしの子どもを撃って　ケガをさせたの。

いまも　あの子をおいかけまわしているわ」

「なんですって？　それは　ゆるせないわ!

わたしが　たすけてあげる」

アマールカは　森をかけて　子ジカをさがしだし

小声で　はなしかけます。

「子ジカさん　こっちよ。おかあさんのところへ　かえりましょう」

しかし　森番は　しつこく　おいかけてきます。

「やいやい、おれさまから　にげられると思うなよ」

「まぁ　なんてしつこいの。もうおこったわ」

アマールカは　みをひるがえし　森番を　にらみつけます。

「子ジカに　けがを　させたわね。

おくすりの葉をつんで　きずにはってちょうだい！」

「なにをいう　おれさまは　医者じゃないぞ。

さぁ　どいた　どいた！」

森番の　たいどに　ごうをにやしたアマールカは

すばやく　ねむり草を　ぬいて　森番のあたまを　たたきました。

ムニャムニャ　グーグー　ピー。

たちまち　森番は　いびきをかいて　ゆめのなか。

そのすきに　アマールカは　鉄砲に　魔法をかけます。

ド・ミ・ソ！　レ・ファ・ラ！

「もう　こわがらないで。
森番が　鉄砲をうっても　だいじょうぶ」

しばらくすると　森番は　パチリと目をさまし
ふたたび　子ジカを　おいかけてきました。
「よし　みつけたぞ　かくごしろ！」

ズドン！

おや？　鉄砲からは　おとがするだけ　なにも　おこりません。
「なにくそ　もういっぱつ！」
森番が　ふたたび　鉄砲に　手をかけると…

ザ ザ ザ ザ ザ ザ ザー！

とびだしたのは　蝶の　たいぐん　でした。

つぎから　つぎへと　とびだして　森番の　じゃまをします。

「なんてこったい　おい　どうなっているんだ？」

森番が　くびをかしげながら　鉄砲のあなを　のぞきます。

すると　にょきっと　目のたまのようなものと
視線が　ぶつかりました。

ブン　ブン　ブブブン

なんと！　こんどは　スズメバチの　たいぐんです

つぎから　つぎへと　とびだして

森番に　おそいかかります。

「うわぁ　こりゃ　かんべん！　にげろー！」

いちもくさんに　かけだした　森番は

小屋のなかへ　にげこみますが　ハチは　あきらめず

ついには　やねがわらを　するどいとげで　こわし

森番を　おいつめます。

「にげても　むだだぞ　いたいめにあいたくなかったら
はやく　おくすりの葉をとってくるんだね！」
かんだかい声で　ハチがしかりつけます。
「わかったよ　こうさんだ　おれさまが　わるかった」

森番が　ハチにみはられながら　子ジカのきずに

葉っぱを　はると　みるみる　げんきなからだに　もとどおり！

「ありがとう、アマールカ」

子ジカは　うれしそうに　アマールカと　おかあさんのもとへ

なかよく　かえっていきました。

ぽつん。

あとに　のこされたのは　森番と

まほうがかけられた　鉄砲だけ。

ひとりぼっちに　なってしまった　森番は

がっくりと　かたを　おとし

やくたたずの　鉄砲を　ひきずって

森のおくへと　きえて　いきました。

アマールカ 森番をやっつけた日（1973年製作）
原案・脚本 ヴァーツラフ・チュトブルテク　　監督・脚本 ヴァーツラフ・ベドジフ
美術 ヴァーツラフ・ベドジフ、ボフミル・シシュカ　　絵本版日本語訳 甲斐みのり

アマールカ絵本シリーズ①『森番をやっつけた日』

2012年4月17日　初版第1刷発行

発行人 大谷秀政（LD&K Inc.）　発行元・発売元 株式会社LD&K　www.ldandk.com　FAX:03-5464-7412
デザイン 栗谷川舞（STUBBIE Ltd.）　編集 小林祐子（LD&K Inc.）　印刷 大日本印刷株式会社
企画・制作 プロデューサー 谷口周平（LD&K Inc.）・眞部学（アットアームズ）　協力 アットアームズ・HORIPRO

アマールカ公式ホームページ　http://www.amalka-project.com